24
Engel für die
Weihnachtszeit

Geschichten und Gedichte
zum Vorlesen

zuammengestellt von Jule Jakobs und Johanna Bach
mit Bildern von Nina Chen

HERDER

FREIBURG · BASEL · WIEN

Inhalt

Inhalt

Vorwort

Liebe Kinder, liebe Eltern und Großeltern,
Ihr werdet uns ganz sicher zustimmen: die Zeit vor Weihnachten ist die schönste Zeit des Jahres. Wenn es draußen dunkler wird, und wir zu Hause Kerzen anzünden, haben wir alle mehr Zeit, um zu lesen, um Geschichten anzuhören und um ein wenig nachzudenken. Zum Beispiel über Engel, unsere himmlischen Begleiter. Jeden Tag zeigen sie uns, wie wir gut und sicher durch den Tag kommen. Aber auch wie wir lernen, mutig zu sein, zu warten und nicht aufzugeben. Sie zeigen, wie wir helfen können, und wie wir andere Menschen, Freunde oder Fremde, unterstützen können, wenn mal etwa schiefgeht. Und wie wir mit uns selbst zufrieden sein und uns freuen können.

Dieses Buch schenkt uns eine Fülle von himmlischen Begleitern, die uns Geschichten erzählen. Die verschiedenen Engel berichten uns von kleinen Abenteuern, aber auch von lustigen und spannenden Begebenheiten, die uns die Zeit bis Weihnachten nicht nur versüßen, sondern auch ein kleines bisschen Weisheit spenden …

Viel Freude beim Lesen und frohe Weihnachten
wünschen
Jule Jakobs und Johanna Bach

1. *Das Wunder des heiligen Martin*

Barbara Bartos-Höppner

Der heilige Martin war schon viele Jahre durch das Land gezogen, hatte den Leuten von dem Herrn Christus erzählt, hatte gepredigt und getauft und wandte sich eines Tages dem Gebirge zu. Dort war er noch niemals gewesen.

Es war mitten im Winter. Der Schnee hatte die Täler zugeweht, Wege und Stege verdeckt und ließ den heiligen Martin oft vergebens nach einem Dorf am Rande der tief verschneiten Wälder Ausschau halten. Eines Tages kam er an einem Gebirgssee vorüber, hinter dem sich eine mächtige Bergwand erhob, vereist und verschneit bis an das Ufer des Wassers. Der heilige Martin hoffte, jenseits der Bergwand auf eine Siedlung zu treffen, in der er eine Herberge finden würde. Schneller als er selbst steigen konnte, folgte ihm aber der Nebel vom See herauf, und bevor er noch die Höhe erreicht hatte, waren Weg und Berg nicht mehr zu erkennen. Dazu kam, dass ihn die Kälte von Stunde zu Stunde härter bedrängte, aber er verscheuchte alle Gedanken aus seinem Kopf, die zu flüstern schienen: Wenn du nur etwas Ordentliches um die Schultern zu nehmen hättest. Der Mantel! Der Mantel! Hättest du nur deinen Mantel nicht geteilt.

Als er längst über die Berghöhe gestiegen war und sich kein Haus zeigte, kein Hund bellte, kein Rauch auf einen warmen Herd hoffen ließ, fiel es ihm schwer immer weiterzugehen. Seit den Morgenstunden war er unterwegs, nun kam die Dunkelheit. Er musste sich verirrt haben.

Plötzlich kam es ihm vor, als hätte er ein Licht aus dem Nebel auftauchen sehen. Das Licht schien aus dem Fenster eines fest gebauten Hauses, und dem frommen Mann schlug das Herz vor Freude, als er an die Tür klopfte.

„Wer ist da?", fragte eine herrische Stimme von drinnen.

„Ein Wanderer, der im Nebel über das Gebirge gekommen ist und der Euch um ein Lager für die Nacht und ein Stück Brot bittet", rief der heilige Martin. In diesem Augenblick steckte eine alte Frau ihren Kopf zum Fenster heraus. „Ich habe in meinem Haus keinen Platz für Landstreicher und Tagediebe", rief sie.

11

„Ich bin weder ein Landstreicher noch ein Tagedieb", widersprach der heilige Martin.

„Das sagen alle, die sich Einlass in ein wohlhabendes Haus verschaffen wollen", rief die Frau.

„Aber so glaubt mir doch, gute Frau. Ich bin halb tot vor Hunger und Kälte."

„Ein ordentlicher Mensch hat es nicht nötig, bei Nacht und Nebel über das Gebirge zu gehen. Seht zu, wo Ihr unterkommt!" Damit schlug die Frau das Fenster zu.

Nun schleppte sich der fromme Mann mit seinen letzten Kräften weiter und hätte fast das zweite Licht übersehen, das für ihn angezündet worden war. Es kam aus einer armseligen Hütte, auf deren Stufen der heilige Martin sich niederließ und anklopfte.

Diesmal öffnete sich ihm die Tür. Eine Frau stand darunter.

„Um Himmels willen!", rief sie. „Wo kommt Ihr her?"

„Nehmt mich auf", bat der heilige Martin, „habt Erbarmen mit mir."

„Kommt nur ins Haus, guter Mann. Setzt Euch an unseren Herd und lasst uns die Suppe miteinander teilen."

Da sah der heilige Martin, dass er in der ärmlichen Hütte eines Tagelöhners stand, der mit seinen Kindern am Tisch saß.

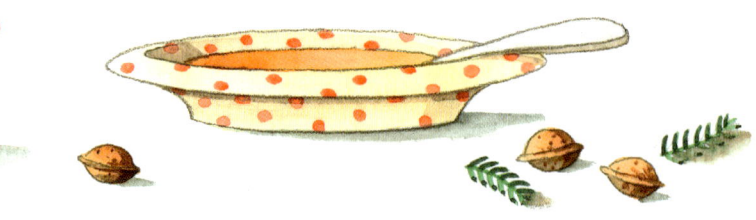

12

„Viel haben wir nicht", sprach die Frau, „doch der soll noch geboren werden, der uns nachsagen kann, wir hätten einen Bedürftigen von unserer Tür gewiesen."

Inzwischen hatte der Tagelöhner einen Arm voll Holz geholt und auf das Feuer gelegt. Der heilige Martin bekam einen Platz auf der Ofenbank, damit er sich den Rücken gut wärmen konnte. Die Frau setzte eine Schüssel Suppe vor ihn hin und legte ein ordentliches Stück Brot dazu.

Als er sich aufgewärmt hatte und gesättigt war, stieg er die Leiter zum Dachboden hinauf, legte sich ins Heu, zog den halben Mantel über sich und schlief, bis es hell wurde. Nachher bei der Frühstückssuppe sprach er: „Ihr seid gewiss eine zufriedene Frau, und doch werdet Ihr auch manchmal einen Wunsch haben."

Die Frau nickte. „Ach, guter Mann", sagte sie, „die eine Arbeit verrichtet man lieber als die andere und möchte sie am liebsten den ganzen Tag tun." Da lächelte der heilige Martin und sprach: „Ich will Euch diesen Wunsch erfüllen."

Darüber dachte die Frau nicht weiter nach. Erst zwei Tage später fiel ihr ein, dass sie die Leinwand nachmessen wollte, die im Schrank lag, denn ihr Mann brauchte einen neuen Kittel. Sie holte den Ballen und rollte ihn aus, und es bereitete ihr Freude,

über das Leinen zu streichen, und sie hätte es am liebsten den ganzen Tag getan.

Als sie nun zu messen anfing und eine Länge nach der anderen über den Tisch gleiten ließ, merkte sie plötzlich, dass der Ballen keineswegs dünner wurde, und sie musste weitermessen und messen, ganz wie sie es sich ja gewünscht hatte, den ganzen Tag Leinen zu messen.

Am Abend lag das Leinen in Keller, Scheune und Schuppen fest aufeinander, und die Frau freute sich und konnte nicht fassen, dass sie plötzlich wohlhabende Leute geworden waren.

Die Nachricht von dem Wunder, das der heilige Martin an der freundlichen Frau und ihrer Familie getan hatte, ging in Windeseile von Haus zu Haus, von Dorf zu Dorf. Die Leute kamen und wollten das Wunder mit eigenen Augen sehen und wollten wissen, wie es dazu gekommen war.

Wie auch nicht anders zu erwarten, erfuhr auch die alte, geizige Frau in dem fest gebauten Haus davon. Sie fuhr sich mit den Händen durch das Haar. „Hätte er nicht sagen können, wer er war?", sprach sie. „Eine alleinstehende Frau kann doch nicht einen fremden Mann in ihr Haus einlassen. Ach, wenn er doch auf demselben Weg zurückkäme!

14

Ich wollte ihn schon aufnehmen und bewirten." Dabei aber hatte sie nichts anderes als die Belohnung im Sinn.

Nachdem der heilige Martin im Tal viele Leute bekehrt und getauft hatte, ging er wieder über das Gebirge zurück. Der Winter neigte sich jetzt seinem Ende zu. Die hohen Fichten hatten die Schneepelze abgeworfen, und neben dem Weg rann das Schmelzwasser dahin.

Kaum näherte er sich dem fest gebauten Haus, da stürzte auch schon die alte, geizige Frau auf ihn zu. Sie flehte um Vergebung und bat ihn, in ihrem Haus zu nächtigen, damit sie ihr Unrecht gutmachen könne.

„Ich nehme Eure Gastfreundschaft an", sprach der heilige Martin. „Der weite Weg hat mich hungrig gemacht, und ich spüre die Müdigkeit in den Gliedern."

Im Haus hatte die Frau schon den Lehnstuhl an den Ofen gerückt und die Fußbank bereitgestellt, und sie brachte auch ein Glas Wein, bevor sie den Tisch mit Schinken und Wurst deckte, rührte noch einmal die Hühnersuppe um und schnitt frisches Brot auf. Dann lud sie den heiligen Martin ein, tüchtig zuzulangen.

Nachdem er gegessen hatte, stand für ihn schon das Bett bereit, und darin steckte eine warme Bettpfanne. Wenn diese Frau nur nicht so eine Heuchlerin wäre, dachte der heilige Martin und schlief ein.

Am nächsten Morgen, nach dem Frühstück, dankte er ihr für alles und ließ sie dann nicht länger zappeln. Er fragte, ob sie einen Wunsch hätte.

„Ach, guter Mann unseres Herrn Christus", antwortete sie. „Was ich Euch gegeben habe, das habe ich gern gegeben. Es widerstrebt mir, dafür ein Geschenk zu nehmen. Aber ich bin nicht reich, und es bleibt manches zu wünschen übrig. Oft möchte ich nämlich den ganzen Tag über das tun, womit ich am Morgen angefangen habe."

„Euer Wunsch soll in Erfüllung gehen", sprach der heilige Martin. Als er gegangen war, überlegte die geizige Frau, wie sie mit diesem Wunsch am besten reich werden könnte. „Vielleicht könnte ich buttern", sprach sie vor sich hin. Aber als sie an das viele Leinen der armen Leute dachte, sagte sie: „Was soll ich mit Butterbergen anfangen? Vielleicht sollte ich die Hühner aus dem Stall lassen? – Nein, nein", sprach sie gleich darauf, „für so viele Hühner bin ich zu alt, die fliegen mir davon. Warum sollte ich nicht gleich Geld zählen?"

Geld zählen, das war das Richtige!

Am nächsten Morgen stand sie früh auf. Sie nahm sich keine Zeit zum Feuermachen, sie holte gleich aus der Kommode die schwere Geldkassette hervor. Als sie nun den Schüssel herumdrehen wollte, waren ihre Finger vor Kälte ganz steif. Sie brachte es nicht

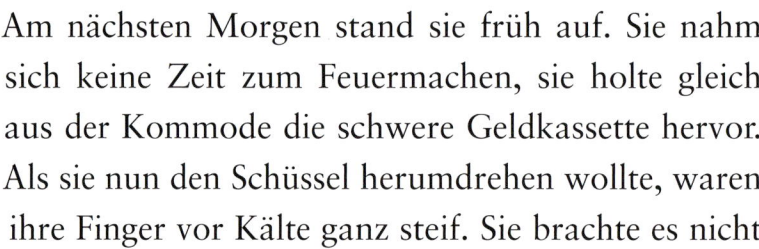

zustande, die Kassette aufzuschließen. Da warf sie einen Blick aus dem Fenster. „Ach, es ist noch früh", sagte sie vor sich hin, „die Sonne ist noch nicht aufgegangen. Ich will doch zuerst das Feuer anmachen, damit ich es schön warm habe über den ganzen Tag."

Sie freute sich auf das Feuer, eilte hinaus nach Spänen und Scheiten, und so kam es, wie sie es sich gewünscht hatte: Sie konnte nicht aufhören, Späne und Scheite in den Ofen zu schieben und anzuzünden. So sehr sie sich davon auch losreißen wollte, um endlich Geld zu zählen. Die Glut fiel aus dem Ofen, weil die Feuerstelle zu klein wurde, der Fußboden fing an zu brennen, der Tisch, auf dem die Geldkassette stand, Bank, Stuhl und Bett, und schließlich ging das ganze Haus in Flammen auf. In ihrer Not rief sie den heiligen Martin an, und es ist noch eines seiner Wunder gewesen, dass sie nicht selbst mitverbrannte.

17

2. Es hat geschneit

Friedrich Güll

Ei, du liebe, liebe Zeit,
ei, wie hat's geschneit, geschneit.
Ringsherum, wie ich mich dreh,
nichts als Schnee und lauter Schnee.
Wald und Wiesen, Hof und Hecken,
alles steckt in weißen Decken!
Und im Garten: Jeder Baum,
jedes Bäumchen voller Flaum!
Auf dem Sims, dem Blumenbrett
liegt er wie ein Federbett.
Auf den Dächern um und um,
nichts als Baumwoll ringsherum.
Und der Schlot vom Nachbarhaus,
wie possierlich sieht er aus:
hat ein weißes Müllerkäppchen,
hat ein weißes Müllerjöppchen.
Meint man nicht, wenn er so raucht,
dass er just sein Pfeiflein schmaucht?
Wär' nur erst die Schule aus!
Ach, wie stürmten wir hinaus.

18

Aber dann, wenn's noch so stürmt,
wird ein Schneemann aufgetürmt.
Dick und rund und rund und dick
steht er da im Augenblick.
Ei, ihr lieben, lieben Leut',
was ist das für eine Freud!

3. Kein Adventskranz?

Eva Aichert

Ferdinand und Mira sitzen im Wohnzimmer und wundern sich. Morgen ist der erste Advent, und nirgends ist ein Adventskranz zu entdecken. Sie sind schon überall gewesen. Im Schlafzimmer, im Flur – sogar im Bad haben sie gesucht. Nichts zu entdecken!

„Im Keller haben wir noch nicht geschaut", fällt da Mira ein. Schnell sausen die Geschwister hinunter in den Keller und suchen alle Regale ab. Wieder nichts! Ferdinand wird es zu dumm: „Wir fragen – später!" Er will jetzt spielen.

Als die Mutter vom Einkaufen kommt, saust ihr Mira entgegen. „Mutti, wo ist der Adventskranz? Wir haben schon überall gesucht."

„Es gibt keinen", erklärt da die Mutter und erntet lange Gesichter. Aber so ist es. Zuerst hat sie es vergessen und heute hat es keine mehr zu kaufen gegeben. Das ist großes Pech, aber nicht zu ändern. Ferdinand und Mira sind traurig und wütend. Sie sitzen in ihrem Zimmer und schimpfen. Aber selbst die wütendsten Kinder können nicht ewig schimpfen. Sie überlegen.

„Ich hab's!", ruft Ferdinand schließlich. „Wir basteln einen Adventskranz!"

Wieder geht es treppab in den Keller. Die Mutter hört sie bis in die Küche rumoren. Kisten werden verrutscht und Schränke geöffnet. Manchmal ruft Mira: „Da ist es!"

Mehr sprechen die Geschwister nicht miteinander. So sehr sind sie mit der Suche beschäftigt. Jetzt geht das Getrappel wieder los – allerdings treppauf. Die Mutter ist neugierig. Sie geht auf den Flur: „Was macht ihr denn da?", fragt sie.

„Lass uns nur machen", bekommt sie zur Antwort. „Das wird eine Überraschung."

Ferdinand und Mira verschwinden in ihrem Zimmer. Sie haben alles gefunden, was sie brauchen. Da liegt ein alter Strohkranz vom letzten Jahr. Das Krepppapier daneben ist der Rest vom letzten Fasching. Und die Dose mit den kleinen Figuren aus dem Kaugummiautomaten ist auch mit dabei.

Es fehlen nur die Kerzen.

„Das hat noch Zeit", sagt Ferdinand. Er ist der Ältere und muss es wissen. Nun wird grünes Papier geschnitten und an den Strohkranz geklebt. Es sieht schon fast

wie ein Fichtenkranz aus. Mira ist ganz vorsichtig und behutsam, als sie das rote Krepppapier zu Schleifen bindet. Schön sieht das aus. Die kleinen Figuren bindet sie mit Wolle an den Kranz.

Dann geht Ferdinand zur Mutter: „Wir brauchen Kerzen und die kleinen Schüsseln", erklärt er und meint natürlich die Kerzenhalter. Es dauert ein bisschen, bis die Mutter versteht, was mit den Schüsseln gemeint ist. Etwas später kommt Ferdinand zurück zu seiner Schwester. Gemeinsam stecken sie die Kerzen an ihren Kranz. Sie gehen ein paar Schritte zurück und betrachten ihr Werk.

„Das ist der schönste Adventskranz, den ich kenne", meint Mira. „Und er ist von uns", ergänzt Ferdinand und nimmt ihn vorsichtig in die Hand.

Mira flitzt in die Küche. „Mutti, schließ die Augen! Jetzt kommt eine Überraschung!", ruft sie und wartet, bis sich die

Mutter mit geschlossenen Augen an den Küchentisch gesetzt hat.

„Du kannst kommen!", ruft sie ihrem Bruder zu. Ferdinand trägt den Papieradventskranz in die Küche und stellt ihn behutsam auf den Tisch.

„Augen auf!", rufen beide wie aus einem Mund.

Erwartungsvoll schauen sie der Mutter ins Gesicht. Die guckt und staunt und lächelt und bekommt ganz feuchte Augen.

„Jetzt haben wir doch einen Adventskranz", sagt sie.

„Und einen wunderschönen noch dazu."

Und weil die Freude so groß ist, probieren sie vor dem Zubettgehen schon einmal die erste Kerze aus – ganz kurz nur!

23

4. Am 4. Dezember

Josef Guggenmos

Geh in den Garten
am Barbaratag.
Geh zum kahlen
Kirschbaum und sag:

Kurz ist der Tag,
grau ist die Zeit.
Der Winter beginnt,
der Frühling ist weit.

Doch in drei Wochen
da wird es geschehn:
Wir feiern ein Fest,
wie der Frühling so schön.

24

Baum, einen Zweig
gib du mir von dir.
Ist er auch kahl,
ich nehm ihn mit mir.

Und er wird blühen
in seliger Pracht
mitten im Winter
in der heiligen Nacht.

25

5. Das Lied der Flöte

Ingrid Uebe

Robert feiert Geburtstag. Für den Kindernachmittag hat er sieben Kinder eingeladen. Sechs aus dem Kindergarten und Paula von nebenan. Es gibt Apfeltorte, Schokokuchen und Waffeln. Danach machen sie viele Spiele: Topfschlagen und Sackhüpfen, Apfelsinentanz und Schatzsuche. Und die Reise nach Jerusalem spielen sie gleich drei Mal hintereinander. Die Reise nach Jerusalem ist immer sehr aufregend, denn natürlich will jeder einen freien Stuhl erwischen.

Am Anfang benehmen sich alle Kinder ganz prima.

Aber von Spiel zu Spiel wird es lauter.

Als die Reise nach Jerusalem vorbei ist, toben sie durch die ganze Wohnung.

Lissi tanzt auf dem Sofa. Kevin schmeißt einen Stuhl um. Nina zerbricht ein Glas. Lukas rennt gegen die Tür. Marie wälzt sich mit Tim auf dem Fußboden.

Robert ist sehr zufrieden mit seinem Geburtstag. Alle haben so viel Spaß!

Die Einzige, die bei dem Toben nicht mitmacht, ist Paula von nebenan.

Mit Paula spielt Robert immer nachmittags, wenn der Kindergarten vorbei ist. Paula geht schon zur Schule und ist seine beste Freundin, wenn die anderen nicht da sind.

Paula kennt außer Robert niemanden auf dem Geburtstag. Deshalb guckt sie schüchtern, während die anderen Kinder wild herumrennen.

„Paula ist doof!", denkt Robert. „Komisch, dass ich das nicht schon früher gemerkt habe. Paula sitzt bloß still in der Ecke. Wenn sie nicht da wäre, dann wäre alle noch viel schöner!"

Dass Paula ein trauriges Gesicht macht – nein, das sieht Robert nicht.

Doch seine Mama hat es gesehen! Zuerst flüstert sie Paula etwas ins Ohr, dann legt sie ihr den Arm um die Schultern und geht mit ihr hinaus.

Robert guckt ihnen nach. Wohin geht Mama mit Paula?

Als die beiden zurückkommen, trägt Paula etwas in der Hand. Ihre Flöte! Ihre blanke, braune wunderbar schimmernde Flöte!

Roberts Mama schiebt Paula mit der Flöte lächelnd ins Zimmer, klatscht in die Hände und sagt: „Jetzt gibt es ein kleines Konzert!"

„Was?", denkt Robert. „Flötenmusik? Jetzt? Mitten im schönsten Spielen und Toben? Was wohl die anderen dazu sagen?"

Er blickt sich um. Alle schauen auf Paula.

27

Und Paula, die schüchterne Paula, zögert seltsamerweise keinen Augenblick. Sie hebt einfach ihre Flöte an die Lippen und spielt – klar und schön, sicher und ohne Fehler.

Alle Kinder setzen sich, eins nach dem anderen, still auf den Teppich und hören andächtig zu. Man sollte nicht meinen, dass sie eben noch wie verrückt durch die Wohnung getobt sind.

Als Paula die Flöte absetzt, klatscht Roberts Mama zuerst. Danach klatschen Lissi und Kevin, Nina und Lukas, Marie und Tim. Robert schaut wieder von einem zum anderen. Dann klatscht er begeistert mit.

Paula lächelt und verbeugt sich.

Das Lied der Flöte war schön. Und das Zuhören war richtig gemütlich. Das kleine Konzert nach dem Lärmen und Toben hat allen gefallen.

Robert ist richtig stolz auf das Mädchen, das seine wilden Freunde gezähmt hat – Paula von nebenan.

6. Ich träum mir einen Luftballon

Anna Benthin

Ich träum mir einen Luftballon
und flieg mit ihm empor.
Weit über Land und Meer davon
zu einem goldenen Tor.

Ein kleiner Schlüssel steckt darin.
Nur ich, ich kann ihn seh'n.
Und weil ich heut' so glücklich bin,
kann ich im Schloss ihn dreh'n.

Ein Lied erklingt, so zart und fein.
Die Melodie ist schön.
So singt mein Engel ganz allein
für mich zum Schlafengeh'n.

Schon fallen mir die Augen zu.
Mein Schutzengel, gib Acht.
Im Wolkenschloss geh'n wir zur Ruh.
Bis morgen, gute Nacht.

29

7. Sandra

Christine Nöstlinger

Es war gut, dass der Franz beschlossen hatte, sich nicht mehr um Liebesgeschichten von anderen Leuten zu kümmern. Denn dazu hätte er bald darauf ohnehin keine Zeit mehr gehabt. Der Franz steckte nämlich selber bis über beide Ohren in einem eigenen Liebesproblem. Bei der Geburtstagsfeier von der Gabi fing das Problem an. Eine Menge Kinder waren eingeladen. Der Franz war natürlich auch da. Extra eingeladen war er nicht. Er gehörte ja fast zur Gabi-Familie. Seit ein paar Monaten aß er sogar an den Schultagen bei der Gabi zu Mittag. Weil der Hausdrachen gekündigt hatte. Und die Mama war ja bei der Arbeit. Am Nachmittag und am Sonntag war er auch oft bei der Gabi. Wenn der Franz nicht daheim war und ihn jemand suchte, konnte er ihn meistens bei der Gabi finden. Hin und wieder stritten der Franz und die Gabi auch. Doch lange waren

sie aufeinander nie böse. Bei dieser Party nun war auch die Sandra. Ein paar Tage vor der Party hatte die Gabi mit ihr in der Schule Freundschaft geschlossen. Das hatte den Franz nicht gestört. Die Gabi ging in eine andere Klasse. Und mit wem sie in den

Pausen kicherte und ihr Pausenbrot teilte, war dem Franz egal. Doch auf der Party dann störte ihn diese Freundschaft sehr. Dauernd steckten die Gabi und die Sandra die Köpfe zusammen und kicherten und tuschelten. Und hielten Händchen! Für den Franz hatte die Gabi kein bisschen Zeit. Und beim Abschied sagte die Sandra zur Gabi: „Ab jetzt komme ich oft zu dir, Liebling!"

„Bloß nicht", sagte der Franz. Nicht einmal das hörte die Gabi! Sie war damit beschäftigt, der Sandra ein Abschieds-Bussi zu geben.

Der Franz beschwerte sich bei der Mama, doch die meinte bloß: „Jedes Mädchen braucht eine Freundin. Das ist ganz normal, lieber Franz."

Der Franz beschwerte sich beim Papa, doch der meinte bloß: „Die Gabi ist sowieso eine Beißzange. Bald wird sie sich mit der Sandra zerstreiten."

Der Franz glaubte dem Papa und hoffte auf einen Streit. Der Streit kam aber nicht. Ganz im Gegenteil! Jeden Tag war nun die Sandra bei der Gabi. Und der Franz kam sich zwischen der Gabi und der Sandra recht überflüssig vor.

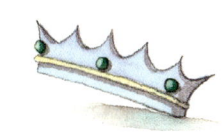

Die zwei redeten von Kleidern und Jeans und Frisuren, Filmstars und „süßen" Plüschtieren, „blöden" Buben und Nagellack. Sie probierten Tanzschritte und malten Verslein in Poesie-Alben. Manchmal flüsterten sie einander auch etwas ins Ohr und sagten zum Franz: „Das darfst du nicht hören!"

Und die Sandra wollte immer „Prinz und Prinzessin" spielen. Wobei sie der Prinz war und die Gabi die Prinzessin.

Als sie dann eines Tages wollte, dass der Franz den königlichen Hofzwerg spielte, da reichte es ihm! Und als sie dann noch erklärte, der Franz solle sich deswegen nicht aufregen, denn für den Prinzen sei er wohl viel zu klein, da sah der Franz nur noch rot!

Er warf der Sandra die Zipfelmütze, die er als Hofzwerg aufsetzen sollte, an den Kopf und lief nach Hause. Schluchzend warf er sich auf sein Bett und trommelte mit den Fäusten auf sein Kissen.

So fand ihn der Josef, als er heimkam. Er fragte den Franz, was los sei, doch der Franz sagte es ihm nicht. Der Franz wartete mit dem Kummer-Bericht auf die Mama. Der Josef war nämlich kein guter Tröster.

Diesmal war auch die Mama keine gute Trösterin. Sie fand es zwar überhaupt nicht gut, dass man den Franz zum Hofzwerg eingeteilt hatte, aber das war auch schon alles! Und der Papa verstand den Franz überhaupt nicht. Der sagte: „Ein Bub braucht auf ein Mädchen nicht eifersüchtig zu sein. Nur auf einen anderen Buben müsste er eifersüchtig sein. Wenn diese Sandra ein Sanderich wäre, könnte ich dich verstehen!" Der Franz schluchzte: „Ist doch Jacke wie Hose, ob es um die Sandra oder einen Sanderich geht!"

„Nein", rief der Papa. „Bin ich vielleicht auf die Freundinnen deiner Mama eifersüchtig? Fällt mir doch gar nicht ein! Das wäre ich nur auf einen Mann!"

„Geht mich nichts an, auf wen du eifersüchtig bist", rief der Franz. „Ich jedenfalls, ich liebe die Gabi nicht mehr!"

„Bis morgen früh", murmelte der Josef.

Doch da hatte er sich geirrt. Am nächsten Morgen ging der Franz um halb acht Uhr aus dem Haus. Zehn Minuten später kam die Gabi, so wie jeden Morgen, und klingelte Sturm beim Franz. Hätte ihr die Frau Huber nicht gesagt, dass der Franz schon längst weg sei, hätte sie wahrscheinlich noch um acht Uhr verdutzt geklingelt.

Mittags wartete die Gabi dann vor der Klasse vom Franz. Der Franz kam mit dem Eberhard Most aus dem Klassenzimmer und marschierte an der Gabi vorbei, als wäre sie Luft!

33

Die Gabi war darüber so verwirrt, dass sie ihm bloß mit offenem Mund nachstarrte.

Zum Mittagessen kam der Franz auch nicht.

Hungrig hockte er daheim in der Küche. Die Wand zwischen der Küche und der Gabi-Wohnung war so dünn, dass man es hören konnte, wenn in der Gabi-Wohnung jemand laut redete. Der Franz hörte die Gabi sagen: „So ein Spinner, der Franz! Ich hab keine Ahnung, warum er sich so blöd benimmt."

Dann kam die Gabi-Mama zum Franz herüber und brachte ihm einen Teller voll Reisauflauf und Apfelkompott. Für Notfälle.

„Was ist denn los, Franz?", fragte sie.

Der Franz dachte: Das müsste sie ja selber wissen. Sie war ja oft genug dabei, wenn mich ihre Tochter wie den allerletzten Dreck behandelt hat!

„Ist es wegen Sandra?", fragte die Gabi-Mama.

Der Franz fing an zu weinen. Die Gabi-Mama gab ihm ihr Taschentuch.

„Franz, ich verstehe dich sehr gut", sagte sie. Der Franz schnäuzte sich und kuschelte sich an die Gabi-Mama. Er beschloss, sie nun zu den Leuten zu zählen, die er liebte.

Die Gabi-Mama legte einen Arm um den Franz. „Aber die Gabi hat dich sehr lieb", sagte sie. „Glaub mir. Sie merkt bloß nicht, dass sie dir wehtut. Sie hat das noch nie selbst durchgemacht. Und das versteht nur, wer es selber erlebt hat."

Der Franz dachte, dann wird sie es eben selber durchmachen müssen! Ich werde ihr beibringen, es zu merken!

Der Franz verputzte den Reisauflauf und das Apfelkompott und ging mit der Gabi-Mama zur Gabi rüber.

„Na, ausgesponnen, Franz?", empfing ihn die Gabi.

„Sowieso!" Der Franz nickte.

Die Gabi wollte mit dem Franz Fang-den-Hut spielen. Der Franz sagte: „Warten wir auf die Sandra. Ohne die mag ich nicht spielen!"

„Fang-den-Hut geht doch auch zu zweit!", rief die Gabi.

„Schon", sagte der Franz. „Aber mit der Sandra ist es viel, viel lustiger!"

Da schaute die Gabi ein bisschen beleidigt drein.

Als die Sandra dann da war, wieselte der Franz um sie herum. Ganz entzückt tat er über ihr Kleid und ihre Frisur. Er erzählte ihr von einem „süßen" Plüschtiger, den er sich zum Geburtstag wünsche. Und er fragte sie, ob sie nicht mit ihm ins Kino gehen wolle. Oder wenigstens zu ihm in die Wohnung rüber? Seine Mama habe einen neuen Nagellack, „irre schick und pink". Und das Buch mit den

„supertollen" Poesie-Album-Sprüchen, das könne er ihr dann auch gleich zeigen.

Die Sandra war hingerissen vom Franz, und die Gabi wurde wütend. „He, Franz, ich bin auch noch da", rief sie.

Der Franz überhörte es. Er setzte sich die Zipfelmütze auf und erklärte die Sandra zur „schönsten Prinzessin aller Welten". Und er machte vor ihr Hofzwerg-Faxen. Purzelbäume schlug er. Gesichter schnitt er. Witze erzählte er. Die Sandra kugelte sich vor Lachen.

Jedes Mal, wenn sich die Gabi ins Spiel einmischen wollte, rief der Franz: „Du bist heute der Prinz. Und der Prinz ist heute krank! Leg dich ins Bett und röchle!"

36

Als der Franz dann noch anfing, der Sandra etwas ins Ohr zu tuscheln, wurde es der Gabi zu bunt. Sie warf dem Franz die Prinzenkrone an den Kopf und brüllte: „Geht heim! Alle beide! Aber sofort!"

Dann lief sie aufs Klo und sperrte sich ein.

„Was hat sie denn auf einmal?", fragte die Sandra.

Der Franz nickte zufrieden: „Sie hat es gemerkt, und jetzt macht sie es selber durch!"

Er ging nach Hause und pfiff dabei vor sich hin und war gespannt, wie es nun weitergehen werde.

Am Abend kam die Gabi zum Franz.

„Ach Franz", sagte sie. „Es tut mir ja so leid. Ich war in der letzten Zeit wirklich nicht sehr nett zu dir."

Der Franz ließ sich die Freude nicht anmerken. Ruppig sagte er: „Ist mir doch egal!"

Die Gabi fragte: „Soll ich versuchen, die Sandra nicht mehr zu mögen?"

„Das würdest du wegen mir tun?", fragte der Franz.

„Für dich würde ich alles tun!", rief die Gabi.

„Musst du aber nicht", sagte der Franz großzügig. „Nur gerechter aufteilen musst du die Liebe zwischen der Sandra und mir!"

„Da kämst du aber schlecht weg", sagte die Gabi. „Weil ich dich doch in Wirklichkeit zehnmal so lieb habe wie sie!"

Von da an hielt es der Franz gut aus, wenn die Gabi mit der Sandra ein bisschen zu viel kicherte und tuschelte und über Sachen redete, die ihn nicht interessierten. Und wenn er dann doch fast wieder einmal eifersüchtig wurde, dann erinnerte er sich schnell an den Abend, wo ihm die Gabi ihre zehnfache Liebe gestanden hatte.

Und dem Josef glaubte er nicht, wenn der grinste und behauptete: „Wetten, dass die Gabi ganz geheim auch der Sandra ihre zehnfache Liebe gestanden hat?"

Da antwortete der Franz dann bloß: „Ich wette nicht! Die Mama hat gesagt, dass es ein Unfug ist zu wetten!"

8. Der Neinengel

Jutta Richter

Das muss ein starker Engel sein,
der uns den Mut macht für ein Nein.

Ein Kämpferengel, der gerade geht,
der sicher auf beiden Füßen steht.
Ein trotziger Engel, hell wie der Tag.
Einer, der offene Worte mag.

Das muss ein starker Engel sein,
der uns den Mut macht für ein Nein.

Ein Nein, das heißt ja etwas wagen.
Das nicht zu tun, was alle sagen,
ist schwer, viel schwerer als zu nicken,
sich einzufügen und zu schicken.

Das muss ein starker Engel sein,
der uns den Mut macht für ein Nein.

9. Der Wind und die Wünsche

Martin Auer

Es war einmal ein Mädchen, das gab seine Wünsche dem Wind.

Wenn sie einen Wunsch hatte, schrieb sie ihn einfach auf einen Zettel und warf den Zettel zum Fenster hinaus, wenn der Wind blies. Sie bat niemals um etwas und jammerte nicht, sie ging nicht umher mit schwerem Herzen, wenn sie nicht hatte, was sie wollte. Sie gab ihre Wünsche dem Wind, und dann dachte sie nicht mehr daran. Da war es schon fast so gut, als wären die Wünsche erfüllt.

Manchmal fanden Leute die Zettel und hoben sie auf. Da stand vielleicht: „Schenk mir ein Lächeln", oder: „Ich hätte gern jemand, der mit mir tanzt", oder auch: „Warum gibt es nicht grünes Eis, das nach Erdbeeren schmeckt, das wäre doch einmal eine Überraschung!" Aber es stand keine Adresse dabei und kein Name. Da warfen die meisten die Zettel wieder weg. Eins oder das andere aber dachte vielleicht: Eigentlich wahr, man könnte doch öfter mal lächeln, das kostet ja nichts, oder sie luden jemand zum Tanzen ein.

Ja, aber hatte das Mädchen da auch etwas davon? Wer weiß. Als sie aber einmal im Eisgeschäft grünes Eis bekam, das nach Erdbeeren schmeckte, da war sie echt überrascht. Sie hatte ja ihren Zettel längst vergessen. Vor Freude verschluckte sie sich fast, und dann musste sie lachen, und der Eisverkäufer lächelte zurück, und dann redeten sie, und er lud sie zum Tanzen ein.

10. *Du bist bei mir*

Anna Benthin

Begleite mich auf allen Wegen.
Sei bei mir, wo ich geh und steh.
Gib mir zu allem deinen Segen,
und hilf mir, dass ich dich versteh.

Im Schatten deiner starken Schwingen
brennt mich die heiße Sonne nicht.
Bei Nacht kannst du die Angst bezwingen,
denn im Dunkeln bist du Licht.

Ich weiß, du wirst nicht für mich handeln,
entscheiden muss ich ganz allein,
doch deine Nähe kann mich wandeln
und helfen, klug und stark zu sein.

Drum bleib an meiner Seite, bitte,
wache für mich, derweil ich ruh.
Mit dir bin ich in meiner Mitte
und schließ getrost die Augen zu.

11. Der neue Hansi

Erhard Dietl

Simons Oma ist schon recht alt und wohnt ganz allein in ihrer kleinen Wohnung. Wenn Simon seine Oma besucht, dann backt sie ihm Pfannkuchen, oder sie schüttet Mais in einen Topf und macht frisches Popcorn. Simon erzählt ihr dann von der Schule und von seinen Freunden. Die Oma will immer alles ganz genau wissen. Manches muss ihr Simon zweimal sagen oder ganz laut, denn die Oma hört nicht mehr besonders gut. Sie hat auch sehr schlechte Augen, und oft verwechselt sie den Zucker mit dem Salz. Oder sie findet die Brille nicht, die vor ihr auf dem Tisch liegt.

Seit ein paar Tagen ist Simons Oma krank. Sie muss das Bett hüten, und Simons Eltern kaufen ein und kochen für sie.

Aber heute hat Simon für die Oma ein-
gekauft. Er stellt die Tüte mit der
Milch und den Äpfeln auf den Tisch.

„Hallo, Oma, wie geht's dir?", ruft
Simon.

„Schon viel besser", sagt die Oma und
richtet sich im Bett auf. „Du, Simon,

43

schau doch mal nach meinem Hansi. Ich glaube, mit ihm stimmt was nicht! Er ist heute so ruhig." Hansi ist Omas blauer Wellensittich. Seit vierzehn Jahren lebt er bei ihr und hat seinen Käfig neben dem Fenster in der Küche.

„Was fehlt ihm denn?", fragt Simon und schaut in den Käfig. Da sieht er mit Schrecken, dass der Sittich gestorben ist. Regungslos liegt er auf dem Käfigboden.

„Was meinst du? Ist er krank?", fragt Oma aus dem Schlafzimmer. Simon weiß nicht, was er sagen soll. Er traut sich nicht, der Oma zu sagen, dass der Vogel tot ist. Sie soll nicht traurig sein. Also erklärt er: „Es geht ihm nicht so gut. Am besten, ich bringe ihn rüber zum Tierarzt. Er soll ihn mal anschauen."

„Das ist lieb von dir", sagt Oma.

Simon fischt den steifen Vogel aus dem Käfig, legt ihn in eine Schachtel und macht sich auf den Weg. „Was soll ich nur tun", denkt er, „der Tierarzt kann Hansi auch nicht mehr lebendig machen." Trotzdem zeigt er ihn Doktor Wolff.

Der Tierarzt sieht sich den Vogel an und sagt: „Wellensittiche werden meist nicht älter als vierzehn Jahre, das ist normal. Er ist wohl an Altersschwäche gestorben. Mach ihm ein schönes Grab im Garten."

„Aber meine Oma wird schrecklich traurig sein", sagt Simon. „Sie hat den Hansi so lieb." Er erzählt dem Tierarzt, dass Oma so krank ist, schlecht hört und vor allen Dingen so erbärmlich schlecht sieht.

Da hat Doktor Wolff eine Idee. Er flüstert sie Simon ganz leise ins Ohr, so als ob es ein Geheimnis wäre.

Kurze Zeit später buddelt Simon im Garten neben dem Apfelbaum ein Vogelgrab. Er legt Hansi in die Erde, und obendrauf steckt er einen schönen Zweig. Dann setzt er sich auf sein Fahrrad und radelt in die Zoohandlung. Er hat sein ganzes gespartes Geld dabei.

Im Zooladen gibt es eine Menge Vögel. Finken, Papageien, einen Beo und natürlich auch grüne und blaue Wellensittiche. Simon schaut sich die Sittiche ganz genau an. Endlich hat er den richtigen entdeckt. Er sieht genauso aus wie Omas Hansi, den will er haben. Also kauft Simon seiner Oma einen neuen Hansi. Hoffentlich merkt sie nichts, denkt er, als er mit klopfendem Herzen den Laden verlässt.

„Na, was hat der Tierarzt gesagt?", fragt Oma, als Simon zurückkommt. Sie zieht ihren Bademantel an und geht mit Simon in die Küche.

Simon steckt den neuen Wellensittich in den Käfig. „Alles okay", sagt er. „Er hat gesagt, der Hansi ist schon ziemlich alt für einen Sittich." Die Oma beugt sich über den Käfig.

„Das weiß ich doch. Mein armer alter Hansi", sagt sie. Es ist dein neuer Hansi, denkt Simon erleichtert. Bestimmt lebt er noch vierzehn Jahre, ohne dass die Oma was merkt!

12. Der Bratapfel

Volksgut

Kinder, kommt und ratet,
was im Ofen bratet!
Hört, wie's knallt und zischt.
Bald wird aufgetischt,
der Zipfel, der Zapfel,
der Kipfel, der Kapfel,
der gelbrote Apfel.

Kinder, lauft schneller,
holt einen Teller,
holt eine Gabel!

Der Engel der wunderbaren Leckereien

Sperrt auf den Schnabel
für den Zipfel, den Zapfel,
den Kipfel, den Kapfel,
den goldbraunen Apfel!

Sie pusten und prusten,
sie gucken und schlucken,
sie schnalzen und schmecken,
sie lecken und schlecken
den Zipfel, den Zapfel,
den Kipfel, den Kapfel,
den knusprigen Apfel.

48

13. *Drei Wünsche*

Johann Peter Hebel

Ein junges Ehepaar lebte recht vergnügt und glücklich beisammen und hatte den einzigen Fehler, der in jeder menschlichen Brust daheim ist: Wenn man's gut hat, hätt man's gern besser. Aus diesem Fehler entstehen so viele törichte Wünsche, woran es unserm Hans und seiner Lise auch nicht fehlte. Bald wünschten sie des Schulzen Acker, bald des Löwenwirts Geld, bald des Meiers Haus und Hof und Vieh, bald einmal hunderttausend Millionen bayerische Taler kurzweg. Eines Abends aber, als sie friedlich am Ofen saßen und Nüsse aufklopften und schon ein tiefes Loch in den Stein hineingeklopft hatten, kam durch die Kammertür ein weißes Weiblein herein, nicht mehr als eine Elle lang, aber wunderschön von Gestalt und Angesicht, und die ganze Stube war voll Rosenduft. Das Licht löschte aus, aber ein Schimmer wie Morgenrot, wenn die Sonne nicht mehr fern ist, strahlte von dem Weiblein aus und überzog alle Wände. Über so etwas kann man nun doch ein wenig erschrecken, so schön es aussehen mag. Aber unser gutes Ehepaar erholte sich doch bald wieder, als das Fräulein mit wundersüßer, silberreiner Stimme sprach: „Ich bin eure Freundin, die Bergfei, Anna Fritze, die im kristallenen Schloss mitten in den Bergen wohnt, und mit unsichtbarer Hand Gold in den Rheinsand streut und über siebenhundert dienstbare Geister gebietet. Drei Wünsche dürft ihr tun; drei Wünsche sollen erfüllt werden." Hans drückte den Ellenbogen an den Arm seiner Frau, als ob er sagen wollte: Das lautet nicht übel. Die Frau aber war schon im Begriff, den Mund zu öffnen und etwas von ein paar Dutzend goldgestickten Hauben, seidenen Halstüchern und dergleichen zur Sprache zu bringen, als die Bergfei sie mit aufgehobenem Zeigefinger warnte: „Acht Tage lang", sagte sie, „habt ihr Zeit. Bedenkt euch wohl, und übereilt euch nicht."

„Das ist kein Fehler", dachte der Mann und legte seiner Frau die Hand auf den Mund. Das Bergfräulein aber verschwand. Die Lampe brannte wie vorher, und statt des Rosendufts zog wieder wie eine Wolke am Himmel der Öldampf durch die Stube.

So glücklich nun unsere guten Leute in der Hoffnung schon im Voraus waren und keinen Stern mehr am Himmel sahen, sondern lauter Bassgeigen,

so waren sie jetzt doch recht übel dran, weil sie vor lauter
Wunsch nicht wussten, was sie wünschen wollten, und nicht einmal das Herz hatten, recht daran zu denken oder davon zu sprechen, aus Furcht, es möchte für gewünscht passieren, ehe sie es
genug überlegt hätten. Nun sagte die Frau: „Wir haben ja noch
Zeit bis am Freitag."

Des andern Abends, während die Kartoffeln zum Nachtessen in
der Pfanne prasselten, standen beide, Mann und Frau, vergnügt
an dem Feuer beisammen, sahen zu wie die kleinen Feuerfünk-
lein an der rußigen Pfanne hin und her züngelten, bald angin-
gen, bald auslöschten, und waren, ohne ein Wort zu reden, ver-
tieft in ihrem künftigen Glück. Als sie aber die gerösteten Kartoffeln aus der Pfanne auf das Plättlein anrichtete und ihr der
Geruch lieblich in die Nase stieg, sagte sie in aller Unschuld und
ohne an etwas anderes zu denken: „Wenn wir jetzt nur ein
gebratenes Würstlein dazu hätten", und – oh weh, da war der
erste Wunsch getan. Schnell wie ein Blitz kommt und vergeht,
kam es wieder wie Morgenrot und Rosenduft untereinander

durch das Kamin herab, und auf den Kartoffeln lag die schönste Bratwurst. – Wie gewünscht, so geschehen. – Wer sollte sich über einen solchen Wunsch und seine Erfüllung nicht ärgern? Welcher Mann über solche Unvorsichtigkeit seiner Frau nicht unwillig werden?

„Wenn dir doch nur die Wurst an der Nase angewachsen wäre", sprach er in der ersten Überraschung, auch in aller Unschuld und ohne an etwas anderes zu denken – und wie gewünscht, so geschehen. Kaum war das letzte Wort gesprochen, so saß die Wurst auf der Nase des guten Weibes fest, wie angewachsen im Mutterleib und hing zu beiden Seiten hinab wie ein Husarenschnauzbart.

Nun war die Not der armen Eheleute erst recht groß. Zwei Wünsche waren getan und vorüber, und noch waren sie um keinen Heller und um kein Weizenkorn, sondern nur um eine schöne Bratwurst reicher. Noch war ein Wunsch zwar übrig. Aber was half nun aller Reichtum und alles Glück zu einer solchen Nasenzierat der Hausfrau? Wollten sie wohl oder übel, so mussten sie die Bergfei bitten, mit unsichtbarer Hand Barbiersdienste zu leisten und Frau Lise wieder von der vermaledeiten Wurst zu befreien. Wie gebeten, so geschehen, und so war der dritte Wunsch auch vorüber, und die armen Eheleute sahen einander an, waren der nämliche Hans und die nämliche Lise nachher wie vorher, und die schöne Bergfei kam niemals wieder.

Merke: Wenn dir einmal die Bergfei also kommen solle, so sei nicht geizig, sondern wünsche:

Numero eins: Verstand, dass du wissen mögest, was du

Numero zwei: wünschen solltest, um glücklich zu werden. Und weil es leicht möglich wäre, dass du alsdann etwas wähltest, was ein törichter Mensch nicht hoch anschlägt, so bitte noch

Numero drei: um beständige Zufriedenheit und keine Reue.

Oder so:

Alle Gelegenheit, glücklich zu werden, hilft nichts, wer den Verstand nicht hat, sie zu benutzen.

14. Was unter dem Weihnachtsbaum liegt

Max Bolliger

Von der Mutter ein Kleid aus Seide
und zum Zeichnen und Malen Kreide.
Vom Vater ein Buch mit Geschichten
von Heinzelmännchen und Wichten.
Vom Paten ein goldenes Amulett,
vom Onkel Franz ein Puppenbett.
Von Tante Lina ein Paar Hosen
und ein Lebkuchen mit Rosen.

Sind wir jetzt reich oder arm?
Ist es uns kalt oder warm?
Müsste nicht noch etwas sein,
nicht groß und nicht klein,
was nicht im Schaufenster steht,
und was niemand kaufen geht?
Ich frage, ich bin so frei:
Ist auch etwas vom Christkind dabei?

15. *Der Weihnachtslebkuchen*

Barbara Bartos-Höppner

Es war zu der Zeit, als unser Herr Jesus noch über die Erde wandelte, und dazu war es noch in der Weihnachtszeit. Außer Petrus war kein anderer Jünger bei ihm, und der Herr Jesus konnte ihm die Werke seines himmlischen Vaters deutlich machen, indem er ihm Geschichten erzählte.

So waren sie stundenlang durch viele Täler gewandert. Es war ein sonniger Tag, der Schnee glitzerte zu beiden Seiten des Weges ebenso wie auf den Tannen. Ab und zu begegneten sie einem Schlitten, dessen Pferd ein Schellengeläut trug.

Darüber war die Mittagszeit herangekommen und unser Herr Jesus bemerkte, dass sein Weggefährte den Geschichten nicht mehr so aufmerksam lauschte wie am Morgen, als sie losgegangen waren. Den Grund erahnte er schnell, und als sie auf ein Dorf zugingen, wo sich überall aus den Schornsteinen die Rauchfahnen in den Himmel kräuselten, sagte unser Herr Jesus: „Du solltest dort in dieses Haus gehen, dort kommt der Rauch stärker aus dem Schornstein als in allen anderen. Ich denke, sie backen gerade Weihnachtslebkuchen. Vielleicht hat die Hausfrau ein mildtätiges Herz und schenkt uns für dich und für mich einen davon."

Das ließ sich Petrus nicht zweimal sagen, und als er in das Haus trat, duftete es nach Zimt und Nelken, und auf dem Backbrett lag noch Teig, aus dem Rosinen, Mandeln und Zitronat nur so hervorquollen. Die Hausfrau war gerade dabei, frisch gebackene Lebkuchen mit Nüssen und Pignoli zu verzieren.

Als Petrus sein Anliegen vorgebracht hatte, sagte sie: „Da kommt ihr ja gerade recht, dein Herr Jesus und du. Lebkuchen, das musst du wissen, Petrus, sollen drei Wochen vor Weihnachten gebacken werden, sonst schmecken sie an den Feiertagen nicht. Und zum Fest der Geburt unseres Herrn Jesus muss doch alles auf das Beste, nein, auf das Allerbeste gerichtet sein."

Dann packte sie dem Petrus zwei von den frisch gebackenen Lebkuchen ein und sagte: „Ach, wir bekommen noch so viel davon, und wenn es für unseren Herrn Jesus ist, nimm noch einen dritten mit."

Nun war dem Petrus schon die ganze Zeit das Wasser im Mund zusammengelaufen, und als er aus dem Haus ging und sich nach unserem Herrn Jesus umsah, dachte er: Sie hat mir drei gegeben … sie hat mir drei gegeben … und wir sind doch nur zu zweit.

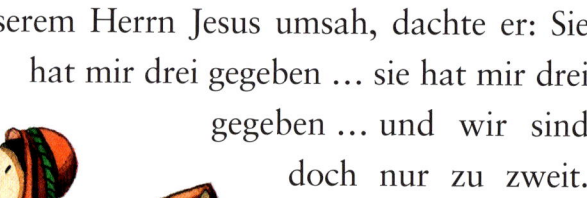

Und in diesem Augenblick lupfte er auch schon den Lodenumhang und steckte den dritten Lebkuchen unter seine Achselhöhle. So ging er zu unserem Herrn Jesus zurück, der auf einer Bank vor einem Kruzifix Platz genommen hatte, und voller Genuss verzehrte jeder seinen frisch gebackenen Weihnachtslebkuchen. Als sie sich nun auf diese wunderbare Weise gesättigt hatten, sagte unser Herr Jesus:

„Petrus, ich glaube, wir müssen unserem Vater im Himmel auf eine besonders demütige Weise danken. Komm, lass uns niederknien und mit hoch erhobenen Armen Dank sagen. Wir sind selten auf so köstliche Weise satt geworden."

Nun kam es, wie es kommen musste. Als Petrus die Arme hob, fiel der dritte Lebkuchen unter seinem Umhang hervor und rollte in den Schnee. Da senkte Petrus seinen Kopf und konnte vor Scham kein Wort herausbringen. Unser Herr Jesus aber strich ihm über das lockige Haar und sagte: „Der Vater im Himmel wird dir verzeihen. Es ist ja ein Weihnachtslebkuchen, und dafür kann man schon in Versuchung geraten."

16. Die Sterntaler

Brüder Grimm

Es war einmal ein kleines Mädchen, dem waren Vater und Mutter gestorben. Es war so arm, dass es kein Kämmerchen mehr hatte, darin zu wohnen, und kein Bettchen mehr hatte, darin zu schlafen. Es hatte nichts mehr bis auf die Kleider auf dem Leib und ein Stückchen Brot in der Hand, das ihm ein mitleidiges Herz geschenkt hatte.

Das Mädchen war aber gut und fromm. Und weil es so von aller Welt verlassen war, ging es im Vertrauen auf den lieben Gott hinaus ins Feld.

Dort begegnete ihm ein armer Mann, der sprach: „Ach, gib mir etwas zu essen, ich bin so hungrig."

Das Mädchen reichte ihm das ganze Stückchen Brot und sagte: „Gott segne dich", und ging weiter.

Da kam ein Kind, das jammerte und sprach: „Es friert mich so an meinem Kopf, schenk mir etwas, womit ich ihn bedecken kann."

Da nahm das Mädchen seine Mütze ab und gab sie dem Kind. Und als es noch eine Weile gegangen war, kam wieder ein Kind und hatte kein Leibchen und fror. Das Mädchen gab dem Kind sein Leibchen.

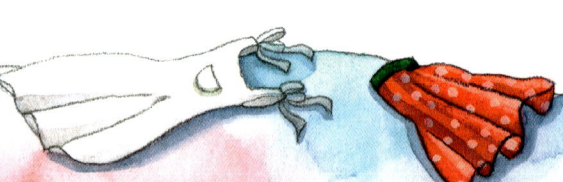

Ein Stück weiter kam wieder ein Kind und bat um ein Röcklein.
Das Mädchen schenkte ihm sein eigenes.

Endlich gelangte das kleine Mädchen in einen Wald, und es war
schon dunkel geworden. Dort kam noch ein Kind und bat um
ein Hemdlein, und das fromme Mädchen dachte: Es ist dunkle
Nacht, da sieht dich niemand, du kannst wohl dein Hemd weg-
geben; und zog das Hemd aus und gab es ihm auch noch.

Und wie es da so stand und gar nichts mehr hatte, fielen auf einmal die Sterne vom Himmel und waren lauter blanke Taler. Und
statt des alten Hemdleins, das es weggegeben hatte, hatte es ein
neues an, und das war vom allerfeinsten Linnen. Dort sammel-
te es die Taler hinein und war reich für sein Lebtag.

59

17. Advent

Rainer Maria Rilke

Es treibt der Wind im Winterwalde
Die Flockenherde wie ein Hirt,
Und manche Tanne ahnt, wie balde
Sie fromm und lichterheilig wird,
Und lauscht hinaus. Den weißen Wegen
Streckt sie die Zweige hin – bereit,
Und wehrt dem Wind und wächst entgegen
Der einen Nacht der Herrlichkeit.

60

18. Der Bäckerengel

Sybil Gräfin Schönfeldt

Im Sommer hatte er viel freie Zeit. Tagelang schwebte er im Blauen und starrte nach unten. Ihm gefiel die Erde, die er nicht kannte, weil er ein Engel war. An einem Wintertag passte er nicht auf. Der Sturm fegte ihn von einer Wolke, und ehe er seine goldenen Flügel ausbreiten konnte, waren sie ihm abgerissen. Er stürzte durch Regen und Schneetreiben ab in ein Tannendicht, und dort blieb er betäubt liegen. Als er erwachte, fror er in seinem Engelshemd. Er spürte kalte, harte Steine unter seinen Sohlen, splittriges Eis zerschnitt die zarte Haut, er setzte vorsichtig einen Fuß vor den anderen, musste um sein Gleichgewicht kämpfen, stürzte immer wieder auf die grobe Erde, empfand zum ersten Mal Schmerzen, konnte aber nicht weinen, weil er noch keine Tränen hatte. Er schob sich aus dem Tannendickicht und sein dünnes Hemd zerriss. Er schaute nach oben, aber die Schneeflocken wirbelten so dicht, dass er keinen Himmel sah. Er hob die Arme. Er stieß sich mit den Füßen ab, reckte sich in die Höhe, aber nichts geschah, kein leichtes, rauschendes Gefühl des Schwebens. So ging er den Waldweg weiter zwischen verschneiten Stoppelfeldern hindurch, bis er die Dächer eines Dorfes sah. Er spürte die Wärme zwischen den Mauern und lief schneller über den weichen glatten Schnee. Hinter der ersten Scheune bauten Kinder einen Schneemann. Als sie den Engel in seinem zerfetzten Hemd sahen, starrten sie ihn zuerst schweigend an, dann lachten sie und verspotteten ihn. Er verstand aber nicht, was sie schrien. Sie warfen mit Schneebällen nach ihm und er floh. Die Kinder rannten hinter ihm her und schrien noch lauter. Er lief um die Scheune herum, wieder aus dem Dorf hinaus, doch vor dem letzten Haus strauchelte er, und die Kinder holten ihn ein und stießen ihn zu Boden. Da ging die Tür auf und eine Frau trat heraus, um nachzuschauen, was das für ein Lärm wäre. Als sie den Engel im Schnee sah, scheuchte sie die Kinder davon und hob den Engel auf. Ihr war im Sommer ein Sohn gestorben, der nicht viel größer gewesen war, und sie gab dem Engel seine Kleider, zeigte ihm seine Kammer und sein Bett und kochte ihm Suppe. Ihrem Mann gefiel das fremde Kind auch, und so blieb der Engel bei ihnen. Er lernte Wort für Wort ihre Sprache und dann befreundete er sich auch mit anderen Kindern. Er sagte jedoch nie, woher er gekommen war. So verging der Winter und der Engel sah den Schnee schmelzen, hörte den Regen auf die Stollen prasseln, ging hinter dem Mann aufs Feld und führte das Pferd beim Säen und beim Eggen. Er half der Frau im Garten umgraben und Zwiebeln setzen, sah die Blumen aus der Erde wachsen, zupfte Unkraut, und wenn mittags zur Vesperzeit die Glocke läutete, wenn er sich sonntags zwischen den Mann und die Frau auf die Kirchenbank setzte, erfüllte ihn eine unbestimmte Erwartung. Aber nichts geschah. Er hörte die Sommergewitter grollen, sprang mit den anderen Kindern über das Johannisfeuer, schüttelte mit ihnen Pflaumen, pflückte im Wald Beeren und Haselnüsse. Wenn er zu der Stelle im Tannendickicht kam, blieb er stehen und schaute empor. Er sah blauen Himmel, er sah Regenwolken, er sah einmal eine blasse Mondscheibe, und wenn er ein Mensch gewesen wäre, hätte er vor Sehnsucht geweint. Dann wurden die Tage kürzer, morgens hing ein Dunst über den Wiesen und der Mann und der Engel pflückten die letzten Birnen und Äpfel. Die dicksten

legte die Frau in die Ofenröhre, und wenn sie das heiße, weiche, süße Fleisch gegessen hatten, zog die Frau den Engel auf den Schoß und erzählte mit leiser Stimme: „Es war einmal …"

Der Engel lauschte den Geschichten, aber er fragte niemals: „Was ist ein Riese?" „Was ist ein Zwerg?" „Was ein Löweneckerchen?" Er saß gern auf dem Schoß der Frau, schaute gern in die rote Glut und hörte gern die leise sanfte Stimme. Als es kälter wurde, als alles Laub von den Bäumen gefallen war, begann er zu backen, wie er es zu dieser Jahreszeit gewohnt war. Die Frau erlaubte es ihm, weil sie ihm die Freude lassen wollte. Sie schaute seinen kleinen Händen zu, die vor Eile und

Eifer silbern glänzten und sonderbar leicht mit dem Teig verfuhren. Sie half ihm, die ersten Lebkuchen auf ein Blech zu legen, und als sie gebacken waren, kostete sie ohne große Erwartung davon. Doch das Gebäck zerschmolz ihr im Munde, und es schmeckte besser als alles, was sie je in ihrem Leben gegessen hatte. So backte der Engel bald voller Vergnügen für die ganze Nachbarschaft und für alle seine Freunde. In einer Winternacht pochte es an der Tür, und als die Frau öffnete, trat ein weißbärtiger Mann ein. Er sagte, er habe den Weg verloren, und die Frau hielt ihn für einen Reisenden und bot ihm den Platz am Ofen an. Der Engel jedoch, der durch den Spalt der Küchentür lugte, erkannte, wer es war: Knecht Ruprecht. Der Knecht trank heißen Pfefferminztee und biss in ein Stück vom Engelsgebäck. Erstaunt blickte er auf und fragte: „Woher hast du den Kuchen?"

„Mein Junge hat ihn gemacht", erwiderte die Frau und zog ihren Engel in die Küche. Der Engel blieb stumm vor dem Knecht stehen und wagte nicht aufzublicken. Der Knecht beugte sich vor, schaute ihm ins Gesicht und sagte dann: „Du bist der Bäckerengel, den ich suchen soll." „Ja", antwortete der Engel, „nimmst du mich wieder mit?" Der Knecht nickte, doch da warf sich der Engel der Frau an den Hals und brach in Tränen aus. „Ich war so gern bei dir", schluchzte er. Sie verstand nicht, was geschehen war, und der Knecht berichtete, wen sie ein Jahr lang als einen Sohn beherbergt hatte. Da küsste sie den Engel und sagte: „Freu dich, mein Kind, dass du heimkehren kannst. Ich bleibe ja nicht allein zurück, und wir behalten dich lieb und werden unser Lebtag an dich denken." Er schaute den Mann an, und als er auch nickte, bedankte sich der Engel bei den beiden, ergriff Knecht Ruprechts Hand und trat mit ihm aus dem Hause. Als sie ein paar Schritte gegangen waren, brach ein Licht wie ein Weg aus der Nacht, und sie betraten diese Straße und gingen zurück in den Himmel.

19. Wo man Geschenke verstecken kann

Regina Schwarz

Im Keller hinter Kartoffelkisten,
im Schreibtisch zwischen Computerlisten,
in alten verstaubten Bauerntruhen,
in ausgelatschten Wanderschuhen,
auf Wohnzimmerschränken, in Blumenvasen,
ja, selbst in Bäuchen von flauschigen Hasen,
in Einzelsocken, ohne Loch,
und eine Möglichkeit wäre noch,
das Geschenk unter die Matratze zu legen.
Das ist nicht so gut, der Bequemlichkeit wegen.
Der Toilettenspülkasten eignet sich nicht,
denn welches Geschenk ist schon wasserdicht.
Ob sperrig, ob handlich, ob groß oder klein:
Geschenkeverstecken muss einfach sein.
Das einzig Schwierige daran ist,
dass man das Versteck so leicht vergisst.

20. *Lisa und ihr Tannenbaum*

Renate Welsh

Im Sommer hat Lisa ihn entdeckt: den schönsten Tannenbaum weit du breit. Mitten auf einer Lichtung steht er, ganz allein, hat Äste und Zweige bis zum Boden. Wenn Lisa auf den Zehenspitzen steht, kann sie seinen Wipfel anfassen. Die Nadeln an den Spitzen der Zweige sind hellgrün und weich. Lisa streichelt sie.

Sie stellt sich vor den Tannenbaum und singt: „Oh Tannenbaum, oh Tannenbaum!" Weihnachtslieder singt sie am liebsten im Sommer. „Das wird unser Christbaum", sagt sie.

Die Eltern erklären: „Man darf Bäume nicht einfach abschlagen."

„Warum?", fragt Lisa.

„Weil sie jemandem gehören", sagt der Vater.

Lisa will wissen, ob dieser jemand die Bäume gepflanzt hat.

„Manche", sagt der Vater. „Manche hat der Wind gesät oder die Vögel ..."

Lisa denkt nach: „Dieser ist ein Wind- und Vogelbaum, der gehört dem Wind und den Vögeln."

„Und die verkaufen ihn nicht", sagt die Mutter.

„Aber ich will nur den", sagt Lisa.

Immer wieder geht Lisa ihren Baum besuchen. Einmal hängt ein Spinnennetz in den Zweigen, darin funkeln ein paar Regentropfen. Lisa bringt eine Glaskugel mit und hängt sie an einen Zweig. Wie schön wird der Baum erst sein mit vielen Glaskugeln, mit Lebkuchen, Schokoladenherzen und mit Kerzen!

Es wird Herbst. Das Gras auf der Lichtung ist gelb und braun. Die Birken am Waldrand haben nur noch fünf Blätter. Auf der Spitze des Tannenbaums hängt ein goldenes Birkenblatt.

„Bald ist es so weit", sagt Lisa.

Der Vater holt die Glaskugeln vom Schrank. Die Mutter bastelt Strohsterne, und Lisa malt ihrem Nussschalenkind einen roten

69

Mund. Der Vater putzt die Glaskugeln, aus der Schachtel fallen vertrocknete Tannennadeln.

Plötzlich erinnert sich Lisa an den Dreikönigstag im letzten Jahr. Sie erinnert sich, wie sie den Christbaum abgeräumt haben. Fast alle Nadeln sind heruntergefallen. Übrig blieben ein trauriger kahler Stamm und traurige kahle Äste und ein trauriges Häufchen grauer Nadeln auf dem Fußboden.

„Morgen holen wir deinen Tannenbaum!", sagt der Vater. „Ich habe mit dem Förster gesprochen."

Lisa schüttelt den Kopf.

Die Mutter sieht den Vater an. Der Vater sieht die Mutter an.

„Warum denn nicht?", fragen beide.

Lisa beginnt zu weinen. Die Mutter streichelt ihr über den Kopf. Der Vater hebt sie auf seinen Schoß. Lisa schluchzt in seinen Pullover hinein.

Plötzlich sagt die Mutter: „Ich habe eine Idee."

Am Weihnachtsabend kommen die Großeltern, Tante Carola und Onkel Michael.

„Nicht ausziehen", sagt Lisa.

„Warum nicht?", fragt Oma.

Lisa macht ein geheimnisvolles Gesicht. Die Mutter reicht allen Gummistiefel. Oma bekommt noch ein dickes warmes Tuch. Sie steigen ins Auto. Es ist eng im Wagen mit so vielen

Menschen drin, eng und schön warm. Der Großvater will wissen, wohin sie fahren, aber die Eltern und Lisa verraten nichts.

Am Waldrand bleiben sie stehen. Nebelfetzen wirbeln an den Bäumen entlang. Lisa rutscht auf den nassen Blättern. Es ist dunkel zwischen den Bäumen. Der Lichtstrahl von Vaters Taschenlampe zittert. Dicke Tropfen platschen auf die Nasen. Sie kommen zu der Lichtung.

Lisa läuft zu ihrem Tannenbaum. Die Mutter steckt Kerzen an die Äste. Der Vater hängt Nüsse an die mittleren Zweige. Lisa hängt Karotten an die unteren Zweige. Die Mutter hängt Meisenringe an die obersten Zweige. Sie kramt in ihrem Korb: „Wo sind die Streichhölzer?"

Der Großvater zieht sein Feuerzeug aus der Tasche. Er zündet die Kerzen an und die Sternspucker. Sie halten sich alle an den Händen und gucken den Baum an. Oma fängt an zu singen. Sie singen alle Weihnachtslieder, die sie kennen.

Plötzlich lacht Lisa: „Schaut, man sieht unsere Lieder!" Man sieht sie wirklich. Als weiße Fahnen und weiße Kringel in der kalten Luft.

„Hasen!", ruft Lisa laut. „Eichhörnchen! Meisen! Kommt, euer Christbaum ist fertig!"

Der Engel der Freude

Kein Hase kommt, kein Eichhörnchen und keine Meise. Lisas Füße werden kalt und kälter. Auch die Großmutter tritt schon von einem Fuß auf den anderen.

Die Mutter sagt: „Ich glaube, die kommen erst, wenn wir weg sind."

Lisa lehnt sich an die Mutter und blickt in die Höhe. Zwischen den Wolken leuchtet ein Stern.

Am nächsten Tag gehen alle noch einmal in den Wald. Die ganze Lichtung ist voller Raureif.

Alle Nüsse sind weg. Eine einzige Karotte hängt noch da und die ist zur Hälfte angeknabbert. In die Meisenringe sind große Löcher gepickt.

Lisa umarmt einen nach dem anderen.

„Na, seht ihr", sagt sie.

72

21. *Weihnachten*

Joseph von Eichendorff

Markt und Straßen stehn verlassen,
Still erleuchtet jedes Haus,
Sinnend geh ich durch die Gassen,
Alles sieht so festlich aus.

An den Fenstern haben Frauen
Buntes Spielzeug fromm geschmückt.
Tausend Kindlein stehn und schauen,
Sind so wunderstill beglückt.

Und ich wandre aus den Mauern
Bis hinaus ins freie Feld,
Hehres Glänzen, heilges Schauern!
Wie so weit und still die Welt!

Sterne hoch die Kreise schlingen,
Aus des Schnees Einsamkeit
Steigt's wie wunderbares Singen –
O du gnadenreiche Zeit!

73

22. *Schildkrötensuppe*

James Krüss

Es war der vierundzwanzigste Dezember und es schneite. Gleichmäßig und gleichmütig fiel der Schnee. Er fiel auf die Fabrik für künstliche Blumen und sein frisches Weiß gab dem hässlichen Backsteinhaus etwas beinahe Heiteres. Er fiel auf die Villa des Fabrikanten, deren eckige Fassade er mit gefälligen Rundungen versah, und er fiel auf des Werkmeisters Einfamilienhaus, aus dem er ein drolliges Zuckerhäuschen machte.

In den Hallen der Fabrik war um diese Zeit keine Menschenseele. Ein missglücktes Veilchen aus Draht und Wachs sinnierte im Kehrichteimer vor sich hin, eine eiserne Tür zum Hof bewegte sich quietschend in den ausgeleierten Scharnieren. In der Villa nebenan telefonierte die Frau des Fabrikanten zum vierten Mal aufgeregt mit der Tierhandlung wegen der bestellten Schildkröte. Im Einfamilienhaus schrieb das jüngste der elf Kinder, die kleine Sabine, zum vierten Mal ihren Wunschzettel: „Lieber Weihnachtsmann, ich möchte eine Schildkröte haben! Deine Sabine."

Die Frau des Fabrikanten erwartete die Schildkröte, um Suppe daraus zu kochen. Sabine erwartete sie als Spielgefährtin. Und der Zufall in Gestalt eines Botenjungen sprach die Schildkröte derjenigen zu, die sie verdiente.

Hier muss endlich bemerkt wer-den, dass die Villa und das Einfamili-enhaus eine Kleinigkeit gemeinsam hatten: das Namensschild an der Tür. Auf beiden Schildern las man „Karl Moosmann". Zwar las man bei dem Fabrikanten einen Buchstaben mehr, nämlich „Karl F. Moosmann". Aber für derlei Unterschiede haben Zufälle und Botenjungen kein Auge.

So kam es, dass die Schildkröte nicht in die Villa, sondern in das Einfamilienhaus gebracht wurde, wo man sie freudig und arg-los in Empfang nahm.

Vater Moosmann glaubte weder an Engel, die als Botenjungen verkleidet kommen, noch an die Gaben guter Feen. Aber er glaubte daran, dass die kleinen Wünsche kleiner Kinder manch-mal erfüllt werden, ohne dass man erklären kann, wie. Deshalb freute er sich, als der Zufall seinen Glauben bestätigte.

Sabine erhielt das unerwartete Geschenk schon vor der Besche-rung. Die erste Begegnung mit dem Tier verlief für beide Teile etwas unglücklich. Die Schildkröte unterschied sich von der geliebten Bilderbuchschildkröte nämlich dadurch, dass sie zap-pelte, wenn man sie aufhob, und dass sie bei ungeschickter Berührung sogar fauchte. Das irritierte Sabine so heftig, dass sie das Tier fallen ließ. Zum Glück fiel es nicht tief. Sabine maß noch keinen Meter.

Das Mädchen konnte vor Schreck nur „plumps" sagen. Doch dann hob sie das Tier trotz der strampelnden Beine wieder auf, streichelte den hell- und dunkelbraun geschuppten Panzer und sagte: „Armer Plumps!" Und damit war das Tier getauft. Aus einer beliebige Schildkröte war sie zu einer bekannten geworden, zur Schildkröte Plumps Moosmann.

Unterdessen telefonierte Frau Moosmann aus der Villa zum fünften Male mit der Tierhandlung, und ihre Stimme kippte zuweilen ein bisschen über: „... ist doch großer Unfug. Wie kann sie hier sein, wenn niemand sie gebracht hat? ... Bitte? ... Nein, Schildkrötensuppe! ... Was sagten sie? ... Die letzte? Das wird ja immer heiterer! Ich habe sie doch zeitig genug bestellt! ... Ist denn der Bote noch nicht zurück? ... Wie? ... Also dann rufe ich in einer halben Stunde noch einmal an. Adieu!"

Der Hörer fiel scheppernd in die Gabel und die Frau Moosmann aus der Villa in einen Sessel. Erst jetzt bemerkte sie, dass ihr Sohn Alexander in der Tür stand.

„Bekomme ich auch eine Schildkröte zu Weihnachten, Mama?"

„Die Schildkröte ist für die Suppe, Alex! Vater wünscht sich eine echte Mockturtlesuppe zum Fest. Berta soll sie zubereiten. Wir wissen nur nicht, wie es gemacht wird."

Alexander zog eine Schnute, die ihm reizend stand, und wollte abziehen. Aber er besann sich anders, drehte sich noch einmal um und äußerte betont beiläufig: „Sabines Schildkröte heißt Plumps. Sie wird nicht zur Muckerturtelsuppe verarbeitet." Dann wollte er endgültig gehen. Aber diesmal hielt seine Mutter ihn zurück.

„Was ist das für eine Schildkröte, von der du sprichst, Alex?"

„Sabine hat heute Nachmittag eine Schildkröte zu Weihnachten bekommen. Sie weiß nicht, von wem. Sie heißt Plumps."

„Heute Nachmittag, sagst du? Warte, bitte!"

Zum sechsten Mal an diesem Nachmittag telefonierte die Frau des Fabrikanten mit der Tierhandlung. Der Bote war gerade zurückgekommen und berichtete, dass er das Tier bei Karl Moosmann abgeliefert habe.

Damit war die Sache klar: Sabine hatte versehentlich die Schildkröte bekommen, die in die Villa bestellt war. Also wurde Alexander ins Nachbarhaus geschickt, um den Irrtum aufzuklären und die Schildkröte herüberzuholen. Die Moosmannkinder nebenan waren allesamt rothaarig. Das Rot ihrer Schöpfe reichte vom blassen Gold bis fast zum Zinnober. Sie waren gerade dabei, sich für die Bescherung umzuziehen, als Alexander herübergestürmt kam. So traf der Bub nur Mieze, die Älteste, die in der Küche stand und kochte. Die kleine Sabine bemerkte er nicht, denn sie hockte mit ihrer Schildkröte hinter der halb offenen Küchentür.

„Du Mieze, es ist unsere Schildkröte!", schrie er ohne jede Einleitung. Wir brauchen sie für die Muckerturtelsuppe. Der Bote hat sie aus Versehen zu euch gebracht."

„Mockturtlesuppe kocht man aus Kalbsköpfen und nicht aus

Schildkröten", bemerkte Mieze, denn sie besuchte eine Kochschule. „Trotzdem ist es unsere Schildkröte. Wo ist sie?"

Mieze zuckte mit den Schultern und schielte unauffällig zur Küchentür. Aber weder Sabinchen noch die Schildkröte waren zu sehen. So gab sie Alexander den Rat, im ersten Stock nachzuforschen.

Im Mädchenzimmer des ersten Stocks fingen vier Moosmannmädchen bei Alexanders Eintritt zu kreischen an. Sie probierten gerade drei bunte neue Röcke an. Das belustigte Alexander. Aber die Schildkröte fand er hier nicht.

Im Jungenschlafzimmer spielte er mit drei Moosmannbuben Domino. Das war aufregend. Aber die Schildkröte hatte er noch immer nicht.

Auf der Treppe lief er Vater Moosmann über den Weg, der schon von der Verwechslung gehört hatte und die Stirn krauste. „Wenn die Schildkröte euch gehört, muss Sabine sie zurückgeben", meinte er. „Es gibt ja noch mehr Schildkröten auf der Welt. Sag deiner Mutter, wir bringen das Tier, sobald wir Sabine gefunden haben."

Alexander raste mit dieser Nachricht in die Villa zurück und zehn Moosmannkinder suchten Sabine und ihre Schildkröte.

79

Eine Stunde später suchte man das Schwesterchen immer noch. Schließlich wurde Mieze in die Fabrikantenvilla geschickt, um nachzuforschen, ob Sabine vielleicht dort sei. Aber auch dort war das Mädchen nicht.

Erst jetzt begriff Mieze, was geschehen war: Sabine hatte die Unterhaltung in der Küche belauscht und sich mit ihrer Schildkröte irgendwo versteckt, um das Tier behalten zu können. Aber wo hatte sie sich versteckt?

Mieze erzählte der Fabrikantenfrau von ihrer Vermutung und fügte hinzu: „Echte Mockturtlesuppe wird übrigens aus Kalbskopf hergestellt, obwohl man sie fälschlich auch Schildkrötensuppe nennt.“

„Sind Sie ganz sicher?“

„Ganz sicher“, antwortete Mieze. „Ich besuche einen Kochkursus. Die richtige Schildkrötensuppe wird ‚Lady Curzon‘ genant. In unserem Kurs ist es aber verboten, sie zu kochen, weil die Tiere dafür auf grausame Weise umgebracht werden.“

„Wie entsetzlich!“, sagte die Fabrikantenfrau. „Unter diesen Umständen erlaube ich Sabine, die Schildkröte zu behalten.“

„Vorausgesetzt wir finden Sabine“, sagte Mieze und verließ die Villa.

Draußen schneite es noch immer. Es dunkelte schon und die Stunde der Bescherung rückte näher. Aber im Haus der Moosmannkinder zeigte sich keine Sabine.

Hin und wieder kam Alexander von der Villa herüber und fragte, ob das Mädchen gefunden sei. Aber er kehrte jedes Mal ergebnislos zu seiner Mama zurück.

Gegen halb fünf zog die Fabrikantenfrau ihren Pelzmantel an und ging selbst ins Nachbarhaus. Obschon sie für die heillose Verwechslung nichts konnte, fühlte sie eine Art Mitschuld.

Mutter Moosmann saß als ein Häufchen Elend in der Küche. Vater Moosmann donnerte sinnlose Befehle ins Haus und scheuchte seine Kinder in die entferntesten Winkel.

In diesem Wirrwarr verwandelte sich die nervöse Aufregung der Fabrikantenfrau plötzlich in erstaunliche Tatkraft.

„Frau Moosmann, bereiten Sie die Bescherung vor!", sagte sie in so entschlossenem Ton, dass Mutter Moosmann wirklich aufstand und sich am Küchentisch zu schaffen machte.

„Glauben Sie, wir finden Sabine?" Mutter Moosmann schluckte bei der Frage.

„Wir werden sie alle zusammen suchen", lautete die Antwort. „Und ich bin sicher, wir finden sie."

Unter Leitung der Frau Moosmann aus der Villa begann eine planmäßige Suche durch das ganze Haus, an der Vater Moosmann sich merkwürdig widerspruchslos beteiligte. Der Kloß in seiner Kehle wurde immer kleiner, als er eine Aufgabe hatte.

Aber der Kloß wuchs zur alten Größe an, als nach einer halben Stunde das Ergebnis der Suche feststand: Sabine war nicht im Haus.

Jetzt war Frau Moosmann aus der Villa nicht mehr zuversicht-
lich wie zuvor. Aber sie zwang sich, es niemanden merken zu
lassen. „Sabine hat das Haus verlassen", stellte sie mit betont
sachlicher Stimme fest. „Wir müssen die ganze Nachbarschaft
durchkämmen. Ich habe einen Mann, einen Sohn und zwei
Dienstboten. Die werden mitsuchen. Jeder bekommt ein Revier.
Ich übernehme die Fabrik."

Zunächst wurde von der Villa aus mit der Polizei telefoniert.
Aber die hatte kein Mädchen mit einer Schildkröte aufgegriffen.
Immerhin wollte sie die Augen offenhalten.

Dann schwärmte man, einschließlich Fabrikant und Hausmäd-
chen, nach einem genau durchdachten Plan unter dem wirbeln-
den Schnee in die Häuser und Gassen der Nachbarschaft aus.
Frau Moosmann aus der Villa schritt entschlossen in den Hof
der Fabrik und entdeckte hier eine weit offenstehende Eisentür.
Als sie durch die Tür in die Fabrik trat und das Licht einschal-
tete, hörte sie aus einer entfernten Ecke der riesigen Halle eine
Art leises Quieken. Sie wandte den Kopf und entdeckte rechts
hinten in der Ecke ein ganz in sich zusammengekrümmtes
Geschöpfchen: Sabine.

„Aber Kind, was machst du denn da?" Ihre Stimme hallte kalt
und fremd durch den Raum.

„Du kriegst die Schildkröte nicht!", schrie das Mädchen.
„Plumps gehört mir!"

Erst jetzt bemerkte die Fabrikantenfrau, dass Sabine auf einer Kiste hockte, die Schildkröte auf dem Schoß.

Sie schritt quer durch die Halle auf das Mädchen zu, das noch mehr in sich zusammenkroch und ihr mit großen, ängstlichen Augen entgegensah.

„Du kannst die Schildkröte behalten, Sabine. Ich brauche sie nicht mehr."

Das Kind umklammerte die Schildkröte. Ihre Augen verrieten Zweifel.

Die Fabrikantenfrau war verwirrt – und wiederholte: „Du kannst die Schildkröte behalten!"

Als sie fast vor Sabine stand, rief das Mädchen: „Du lügst! Du willst Suppe aus ihr kochen! Aber man kann die
Suppe auch aus Kalbsköpfen kochen, sagt Mieze."

Jetzt musste Frau Moosmann lachen.

„Du hast Recht", gab sie zu. „Die Suppe macht man aus Kalbskopf. Deshalb brauche ich überhaupt keine Schildkröte."

„Schwöre, dass das meine Schildkröte ist!"

Halb befremdet, halb belustigt, legte Frau Moosmann eine

Hand auf das Herz, hob die andere zum Schwur und versicherte feierlich: „Ich schwöre, dass die Schildkröte mit Namen Plumps der Sabine Moosmann gehört."

„Jetzt glaube ich dir." Das Mädchen stand auf und fügte hinzu: „Die Menschen sind nicht lieb, wenn sie Schildkrötensuppe kochen. Sie machen das sehr grausam."

„Das hat mir deine Schwester schon erzählt", sagte die Fabrikantenfrau. „Was für ein Glück, dass der gütige Zufall die Schildkröte zu euch gebracht hat, Sabine. In Zukunft werde ich nie mehr Schildkrötensuppe essen, auch nicht einen Löffel voll. Aber jetzt komm, Sabine. Wir müssen heim. Ich glaube, du hast dich erkältet. Und Plumps muss auch in die Wärme zurück. Die meisten Schildkröten halten nämlich um diese Zeit ihren Winterschlaf."

„Weiß ich", sagte Sabine altklug. „Ich muss eine Kiste mit Torf für Plumps besorgen."

Plötzlich begann die Schildkröte, heftig mit den Beinen zu strampeln, und Sabine fing an zu niesen. Da ergriff die Fabrikatentenfrau entschlossen die freie Hand des Mädchens und ging mit ihr durch den fallenden Schnee hinüber zum Haus der Mossmannkinder.

Unterwegs meinte Sabine: „Wenn du keine Suppe aus Schildkröten kochst, könntest du dir eigentlich eine Schildkröte zum Spielen anschaffen."

„Geht nicht, Sabine. Plumps war die letzte Schildkröte in der Tierhandlung. Die anderen liegen im Winterschlaf."

 84

Das kleine Mädchen blieb plötzlich stehen, zögerte einen kurzen Augenblick, blickte die Schildkröte an, die sich in ihrem Panzer verkrochen hatte, und legte sie sanft der Frau Moosmann in den Arm. „Ich schenk sie dir zu Weihnachten. Es gibt ja noch andere Schildkröten. Ich bestell mir eine im Frühjahr."

Frau Moosmann aus der Villa sah verwirrt auf die Schildkröte, die auf dem weichen Pelz des Mantels vorsichtig den Kopf vorstreckte.

„Es gefällt ihr bei dir", sagte Sabine.

„Trotzdem glaube ich, dass du mehr Zeit für die Schildkröte hast als ich, Sabine. Ich gebe dir das Geschenk zurück."

Wieder wechselte das verängstigte Tier den Besitzer.

Sabine strahlte. „Du hast Recht", meinte sie. „Ich kann mich mehr um Plumps kümmern als du. Außerdem ist sie ja schon an mich gewöhnt. Du bist viel netter, als ich dachte. Vielen, vielen Dank und fröhliche Weihnachten."

Die Fabrikantenfrau schluckte ein bisschen und sagte: „Fröhliche Weihnachten, Sabine!"

Dann wanderten sie Hand in Hand weiter und wurden bald von den Flocken verdeckt, die gleichmäßig und gleichmütig auf Gerechte wie Ungerechte fielen.

23. Stille Nacht

Joseph Mohr

Stille Nacht, heilige Nacht!
Alles schläft, einsam wacht
nur das traute hochheilige Paar.
Holder Knabe im lockigen Haar,
schlaf in himmlischer Ruh',
schlaf in himmlischer Ruh'.

Stille Nacht, heilige Nacht!
Hirten erst kundgemacht;
durch der Engel Halleluja
tönt es laut von fern und nah:
Christ, der Retter, ist da,
Christ, der Retter, ist da!

Stille Nacht, heilige Nacht!
Gottes Sohn, o wie lacht
Lieb' aus seinem göttlichen Mund,
da uns schlägt die rettende Stund,
Christ in deiner Geburt,
Christ in deiner Geburt!

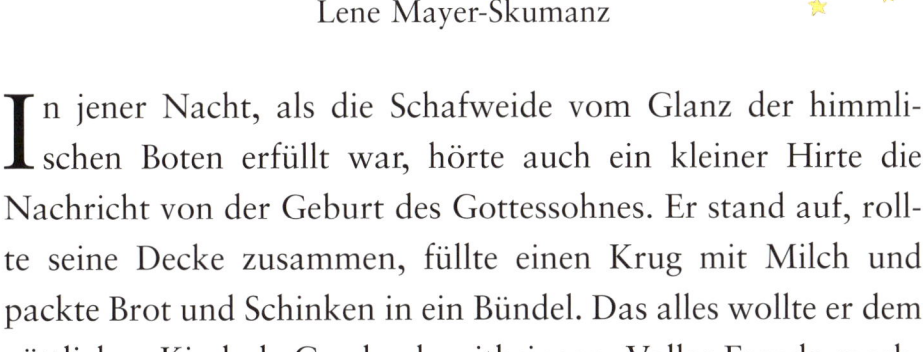

24. Der kleine Hirte und der große Räuber

Lene Mayer-Skumanz

In jener Nacht, als die Schafweide vom Glanz der himmlischen Boten erfüllt war, hörte auch ein kleiner Hirte die Nachricht von der Geburt des Gottessohnes. Er stand auf, rollte seine Decke zusammen, füllte einen Krug mit Milch und packte Brot und Schinken in ein Bündel. Das alles wollte er dem göttlichen Kind als Geschenk mitbringen. Voller Freude machte er sich auf den Weg nach Bethlehem.

In dieser Gegend hauste ein großer Räuber. Von seiner Höhle aus sah er den hellen Schein über der Schafweide. Er hörte jubelnden Gesang, aber er konnte die Worte nicht verstehen. Er dachte: „Die feiern ein Fest, ich aber sitze allein in meiner Höhle und mein Magen knurrt vor Hunger. Ich will mich anschleichen und sehen, was ich rauben kann."

Kaum war der große Räuber aus seiner Höhle herausgekommen, da musste er sich hinter einem Baum verstecken. Denn einer nach dem anderen zogen die Hirten an ihm vorbei. Sie schleppten Körbe mit Käse und Honig, sie trugen Rucksäcke voll Wolle und einer führte sogar ein Lamm mit sich. Der Letzte in der Reihe war der kleine Hirte. Er ging langsam, denn seine Last war schwer. In der einen Hand trug er das Essensbündel, in der anderen den Krug und die Rolle mit der Decke hatte er sich um die Schultern gelegt. Der Räuber sah, wie der Abstand zwischen dem kleinen Hirten und seinen Gefährten immer größer wurde.

„Das ist mir recht", dachte der große Räuber. Und er schlich dem kleinen Hirten nach und lauerte auf eine Gelegenheit, ihn zu überfallen.

In dieser Nacht aber herrschte ein seltsames Kommen und Gehen auf allen Wegen. Gerade die Ärmsten im Lande konnten nicht schlafen. Viele krochen aus ihren Hütten, sahen zum Himmel hinauf und fragten, ob etwas Besonderes geschehen sei. Auch ein alter Mann stand vor seiner Tür, als der kleine Hirte vorüberging. Der alte Mann schlug die Hände um seinen Leib, und er trat von einem Bein auf das andere.

88

„Was ist mit dir?", fragte der kleine Hirte.

„Ich friere", sagte der alte Mann. „Vor Kälte kann ich nicht schlafen."

Da nahm der kleine Hirte die Decke von seinen Schultern und gab sie dem alten Mann. „Nimm nur", sagte er. „Dem kleinen Gottessohn ist es sicher recht, wenn du seine Decke hast."

Der große Räuber, der dem kleinen Hirten nachgeschlichen war, ärgerte sich. „Schenkt der die Decke her, die ich rauben will!", dachte er.

Bald darauf fand der kleine Hirte ein Mädchen, das saß vor seiner Hütte und weinte.

„Was ist mit dir?", fragte er.

„Ich habe Durst", klagte das Mädchen. „Vor Durst kann ich nicht einschlafen. Und der Weg zum Brunnen ist weit und finster."

Der kleine Hirte gab dem Mädchen den Krug mit der Milch.

„Nimm nur", sagte er. „Dem kleinen Gottessohn ist es sicher recht, wenn du seine Milch trinkst."

Das Mädchen freute sich, aber der Räuber, der dem kleinen Hirten nachgeschlichen war, ärgerte sich noch mehr. „Schenkt der die Milch her, die ich rauben will!", dachte er. „Ich muss mich beeilen, dass ich wenigstens das Bündel erwische."

Und sein hungriger Magen knurrte ganz laut in der stillen Nacht.

Bei der nächsten Wegbiegung sprang der Räuber mit einem gewaltigen Satz auf den kleinen Hirten los.

Der kleine Hirte sah den großen Räuber an. „Ist das dein Magen, der so schrecklich knurrt?", fragte er. „Die ganze Zeit schon höre ich dieses Knurren hinter mir. Du tust mir leid. Da, nimm und iss! Dem kleinen Gottessohn ist es sicher recht, wenn ich dir sein Essen gebe."

Der Räuber aß das Brot und den Schinken und ließ nicht das kleinste Stückchen übrig, aber es wurmte ihn, dass er das Essen geschenkt bekommen hatte.

„Jetzt muss ich mit leeren Händen vor dem kleinen Gottessohn stehen", sagte der Hirte traurig. „Aber hingehen und ihn begrüßen will ich doch und ihm sagen, dass ich mich über seine Geburt freue." Und er erzählte dem Räuber, was die himmlischen Boten verkündet hatten.

Der Räuber dachte: „Wenn Gottes Sohn geboren ist, kommen bestimmt auch alle reichen Leute, und es wird ein herrliche Fest. Ob da für mich was abfällt?"

„Komm doch mit!", sagte der kleine Hirte mitten in die Gedanken des großen Räubers, und der große Räuber ging mit ihm. Als sie aber in Bethlehem angekommen waren, staunte der Räuber sehr. Denn da fanden sie nur einen

Stall, in dem die Hirten ein- und ausgingen, und eine junge Mutter, die aus der Hirtenwolle eine kleine Decke webte, und einen armen Mann, der Bretter zu einem kleinen Bett zusammenfügte. Das göttliche Kind lag in einer Krippe, mit nichts als ein bisschen Stroh und ein paar Windeln unter sich.

„Diesem Kind habe ich das Brot und den Schinken weggegessen", dachte der große Räuber und schämte sich.

„Schau, Jesus", sagte die Mutter Maria, „da ist der kleine Hirte zu dir gekommen; er hat dir einen großen Räuber mitgebracht."

Die Mutter Maria lächelte den kleinen Hirten an, und der verstand auf einmal, dass er doch nicht mit leeren Händen gekommen war. Und die Mutter Maria lächelte den großen Räuber an, und der war ganz verwirrt und dachte: „Da stimmt was nicht! Große Räuber tun keinem leid, bekommen nichts geschenkt und werden von niemandem angelächelt. Mir scheint, ich bin gar kein großer Räuber mehr."

„Mir scheint, du könntest ein großer Hirte werden", sage da die Mutter Maria. „Du bist so stark. Starke Hirten braucht man immer."

„Ich will's versuchen", brummte der große Räuber, der eigentlich schon keiner mehr war.

Und sie verabschiedeten sich und gingen den Weg zu der Schafweide zurück; ein kleiner Hirte und ein großer Hirte.

Aichert, Eva: Kein Adventskranz? © bei der Autorin.

Auer, Martin: Der Wind und die Wünsche aus: Martin Auer,
Wundergeschichten © beim Autor.

Benthin, Anna: Ich träum mir einen Luftballon, Du bist bei mir,
aus: Dein Engel hat dich gern © 2006, Kerle im Verlag Herder.

Bartos-Höppner, Barbara: Das Wunder des heiligen Martin aus:
Barbara Bartos-Höppner, Ein heller Stern in dunkler Nacht
© 2001 Kerle im Verlag Herder, Freiburg.

Bartos-Höppner, Barbara: Der Weihnachtslebkuchen aus:
Barbara Bartos-Höppner, Ein heller Stern in dunkler Nacht
© 2001 Kerle im Verlag Herder, Freiburg.

Bolliger, Max: Was unter dem Weihnachtsbaum liegt © beim
Autor.

Dietl, Erhard: Der neue Hansi aus: Leselöwen-Tierarztgeschich-
ten © 1999 Loewe-Verlag, Bindlach.

Guggenmos, Josef: Am 4. Dezember aus: Josef Guggenmos,
Groß ist die Welt © 1992 Beltz Verlagsgruppe, Weinheim und
Basel, Programm Beltz & Gelberg.

Krüss, James, Schildkrötensuppe aus: James Krüss, Weihnachten
auf den Hummerklippen © 2001 Carlsen Verlag Hamburg.

Sybil Gräfin Schönfeldt, Der Bäckerengel © bei der Autorin.

Mayer-Skumanz, Lene: Der kleine Hirte und der große Räuber aus: Lene Mayer-Skumanz / Józef Wilkon, Der kleine Hirte und der große Räuber © 1994 Patmos Verlag, Düsseldorf.

Nöstlinger, Christine: Sandra, aus: Christine Nöstlinger, Liebesgeschichten vom Franz © 1996 Verlag Friedrich Oetinger, Hamburg.

Richter, Jutta: Der Neinengel, aus: Jutta Richter, An einem großen stillen See © 2003 Carl Hanser Verlag, München.

Schwarz, Regina: Wo man Geschenke verstecken kann aus: Hans-Joachim Gelberg (Hrsg.), Großer Ozean © 2000 Verlagsgruppe Beltz, Weinheim und Basel, Programm Beltz & Gelberg, Weinheim.

Uebe, Ingrid: Das Lied der Flöte aus: Ingrid Uebe, Komm in meine Arme! Sanfte Geschichten, die Kinder beruhigen © 2002 Loewe, Bindlach.

Welsh, Renate, Lisa und ihr Tannenbaum aus: Das Ravensburger Buch der Advents- und Weihnachtsgeschichten © 1996 Ravensburger Buchverlag Otto Mair GmbH, Ravensburg.